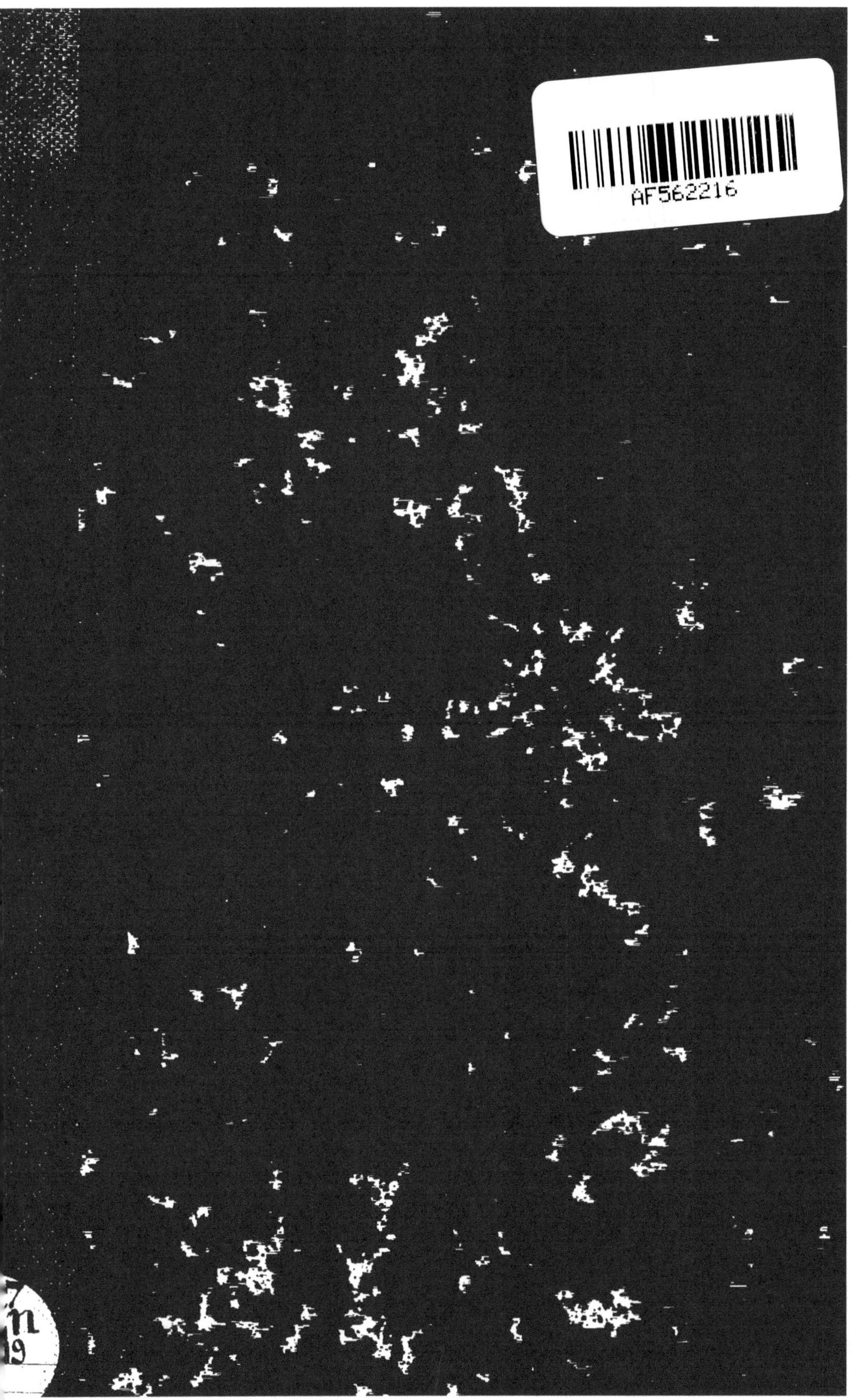
AF562216

NOTICE BIOGRAPHIQUE

SUR MONSEIGNEUR

Thomas GOUSSET

CARDINAL ARCHEVÊQUE DE REIMS

REIMS, IMPRIMERIE MATOT-BRAINE.

S. E. MONSEIGNEUR THOMAS GOUSSET

NOTICE BIOGRAPHIQUE

SUR

MONSEIGNEUR LE CARDINAL

TH. GOUSSET

ARCHEVÊQUE DE REIMS

Par HENRI MENU

REIMS,

MATOT-BRAINE, IMPRIMEUR-LIBRAIRE-ÉDITEUR

6, RUE DU CADRAN-SAINT-PIERRE, 6.

1867

OUVRAGES CONSULTÉS

Mgr Gousset, in-8°. — *Biographie des contemporains.* — *Mandements et ordonnances de Mgr Gousset.* — *Le Clergé contemporain*, in-12. — *La Semaine Champenoise*, 1866. in-8°. — *Journaux et Brochures diverses*, etc., etc.

Edition spéciale tirée à 125 Exemplaires numérotés.

N°

NOTICE BIOGRAPHIQUE

SUR MONSEIGNEUR

Thomas GOUSSET

Votre nom signifiera toujours ici : *Charité, Tolérance* et *Concorde*.

Paroles du préfet de la Dordogne à Mgr Gousset.

Monseigneur THOMAS-MARIE-JOSEPH GOUSSET, Cardinal-prêtre de la Sainte Eglise Romaine, du titre de saint Callixte, Archevêque de Reims, Commandeur de la Légion-d'Honneur et Sénateur de l'Empire Français, vient de terminer sa laborieuse carrière, dans sa 75me année.

Né à Montigny-lez-Cherlieu (Haute-Saône), le premier mai 1792, de modestes et honnêtes gens de campagne, Mgr Gousset passa les dix-sept premières années de sa vie près de ses parents, cultivateurs estimés dans le pays. En 1809, il commença ses études latines à l'école particulière d'Amance, près de Vesoul, et deux ans plus tard il conquérait le diplôme de bachelier ès-lettres devant l'académie universitaire de Besançon.

Admis au grand séminaire, Mgr Gousset, ayant à peine terminé ses cours, fut chargé par les supérieurs, des conférences établies pour ses condisciples ; peu de temps après il fut ordonné prêtre (22 juillet 1817) par Mgr de Latil, alors évêque d'Amyclée *in partibus infidelium*, auquel, par une de ces mystérieuses volontés de la Providence divine, il succéda plus tard sur le siége de Reims, illustré par les Remi, les Hincmar et les Gerbert.

Nommé vicaire à Lure (Haute-Saône), il occupa neuf mois ce poste dont il fut rappelé pour professer la théologie au grand séminaire de Besançon. Son enseignement dura quatorze ans, et l'érudit professeur utilisa ses courts loisirs en publiant 1° une édition des *Conférences* d'Angers ; 2° l'*Exposition de la Doctrine de l'Eglise sur le prêt à intérêt;* 3° un *Rituel de Toulon ;* 4° une édition commentée du *Dictionnaire de Théologie*, par Bergier ; et 5° *le Code civil commenté dans ses rapports avec la Théologie morale*, 1827. Ce dernier ouvrage, souvent réimprimé, augmenta la réputation naissante de son auteur, que l'Académie des belles-lettres, sciences et arts de Besançon, appela dans son sein et qui, déjà conseiller de l'Université, fut adjoint par le ministre de l'instruction publique aux commissaires nommés pour diriger l'impression des manuscrits du cardinal de Grandville.

Nommé vicaire-général du diocèse de Besançon par Mgr de Rohan, en 1830, Mgr Gousset conserve ce titre sous NNgrs Dubourg et Mathieu, successeurs de Mgr de Rohan. En 1832, il publia une *Justification de la Théologie du B. Liguori*. Approuvée par les supérieurs, l'œuvre traduite en italien et répandue à plusieurs milliers d'exemplaires dans la Belgique, fut violemment critiquée par M. Vermot, missionnaire de Beaupré. Mgr Gousset réfuta sans peine les objections de son adversaire qui laissa sans réplique les *Lettres justificatives* éditées en 1834.

Les travaux littéraires et l'érudition de Mgr Gousset le désignaient à l'attention publique ; la renommée vint au-devant de lui. Le siége épiscopal de Périgueux étant vacant par la mort de Mgr de Lostanges ; le Roi Louis-Philippe, qui savait aussi récompenser le mérite, songea à doter du titre épiscopal le savant théologien, qu'il désigna au Souverain-Pontife, le 6 octobre 1835, pour occuper ce glorieux siége.

Préconisé à Rome dans le consistoire tenu le 1er février 1836, Mgr Gousset fut sacré à Paris le 6 mars suivant par l'archevêque Mgr de Quélen, assisté des Evêques de Nancy et de Marseille.

Grâce à sa prodigieuse activité, à ses travaux incessants comme à ses talents supérieurs, le nouveau prélat montra pendant un très-court épiscopat tout le bien que peut opérer le zèle évangélique. Sous ses auspices, les études du grand et du petit séminaire sont améliorées et fortifiées, les retraites ecclésiastiques établies ; Bergerac voit élever un édifice destiné aux séminaristes ; le couvent de la Visitation est construit à Périgueux, et celui de Sainte-Claire prend de grands développements.

Au milieu de ces occupations, Mgr Gousset trouve encore le temps d'écrire et d'assister les prisonniers. Le 31 octobre 1838, il a le bonheur de préparer dans des sentiments religieux et chrétiens pour l'expiation suprême, un condamné qui jusqu'alors avait résisté à toutes exhortations et qui cherchait à terminer ses jours par le suicide.

En 1839, Mgr Gousset publie des *Statuts* diocésains et un nouveau *Rituel*, puis, jaloux de conserver à l'admiration des visiteurs sa belle cathédrale romane, il fait démolir toutes les constructions accessoires placées entre les pilliers. L'orgue antique est réparé par un habile artiste, et bientôt l'un des plus beaux monuments du Périgord, enrichi de vitraux symboliques et d'ornements variés, reprend sa première splendeur.

La croix de la Légion-d'Honneur ne pouvait manquer à l'illustration de Mgr Gousset : en 1839, le gouvernement royal de l'époque lui envoyait ses lettres de promotion.

Il venait de faire disparaître les difficultés qui s'opposaient depuis 1829 à la reprise des travaux du grand séminaire de Périgueux, et ses éminentes qualités comme administrateur promettaient encore de nombreuses améliorations diocésaines, lorsque la mort de Mgr de Latil, cardinal-archevêque de Reims, Primat de la Gaule-Belgique, premier pair de France, décédé le 1er Décembre 1839, à Gémenos, près de Marseille, vint priver le diocèse de Reims de son premier pasteur. Ce vaste diocèse, en l'absence du Cardinal-Archevêque, avait été successivement administré par Mgr de Rouville, évêque de Numidie *in partibus* et par le regretté Mgr Gallard, évêque-coadjuteur qui précéda si promptement Mgr de Latil dans la tombe (1). Le Roi, digne appréciateur du haut mérite de Mgr Gousset, lui proposa la succession spirituelle du siége de Reims. Une ordonnance royale du 25 Mai 1840 y appela l'évêque de Périgueux.

Avant de quitter sa ville épiscopale, Mgr Gousset

(1) On cite un mot charmant de Mgr Gallard. Le jour de son arrivée à Reims, au milieu des réceptions officielles, il répondit aux plaintes du président du bureau de bienfaisance, vénérable de la Loge maçonnique la Sincérité, ancien capitaine de hussards : *Il faut beaucoup pardonner aux ouvriers, le cabaret c'est le salon du pauvre.*

voulut bénir le 2 Août la première pierre du grand séminaire. Au milieu d'une foule immense, avide de recueillir les dernières bénédictions du prélat, M. Romieu, préfet du département de la Dordogne, se fit le noble interprète des regrets unanimes du diocèse dans le discours suivant.

» Monseigneur,

« Cette première pierre que vous allez poser après tant de travaux et de sollicitude, après tant de soucis et de mécomptes dans la grande œuvre que vous aviez entreprise, et que vous avez enfin accomplie, cette première pierre d'un monument où vous espériez diriger et bénir les soldats du Christ, est aujourd'hui le dernier gage qui nous restera de votre présence.

» Ne soyez donc pas surpris, Monseigneur, s'il se mêle un sentiment douloureux à la pompe de cette cérémonie. Elle eut été, en d'autres temps, un signal d'espérance ; elle n'est plus maintenant qu'une date de regrets.

» C'est à moi, plus qu'à tout autre, qu'il appartient de les exprimer, et s'il y a, dans les tristes adieux qui nous séparent, quelque chose de moins amer pour le chef du département, c'est l'occasion qu'il y trouve de vous dire, de la part de tous, que votre nom restera cher et vénéré dans ce pays, où, en si peu de temps, il a laissé tant de traces.

» Monseigneur, votre nom signifiera toujours ici : *charité, tolérance et concorde*. La main ferme qui dirigeait ce diocèse pressait amicalement toute main qui lui était tendue. L'esprit profond qui a commenté le Code civil se prêtait au contact des plus humbles intelligences, comme aux causeries légères du salon. Le Prélat, enfin, qui tenait sa mission du Ciel, savait rattacher à l'intérêt de l'ordre, dans les affaires terrestres, l'influence de son caractère sacré.

» J'ai vu tout cela, Monseigneur, et j'obéis à un devoir en même temps qu'à un besoin de mon cœur, en le répétant bien haut.

» Appelé au siége illustre de Saint-Nicaise et de Saint-Remi, vous trouverez dans les nouveaux honneurs qui vous attendent la récompense de votre zèle et de vos mérites éprouvés; mais permettez-nous de croire que de si loin et de si haut, vos regards se porteront quelquefois vers la Dordogne, où l'on ne vous oubliera jamais. »

Ces regrets sympathiques suivirent Mgr Gousset à Reims. Il fit son entrée archiépiscopale le 23 Août 1840. La ville se souviendra longtemps de la réception qui fut faite à son nouvel évêque. Reçu à la limite du territoire par le clergé et par la garde d'honneur, il fut conduit processionnellement à la cathédrale. Après l'accomplissement des cérémonies ecclésiastiques, Monseigneur monta en chaire, et, d'une voix sonore, que l'émotion rendait encore plus vibrante, il prit l'engagement de se vouer sans relâche à l'administration du diocèse de Reims.

Complimenté par le conseil municipal, Monseigneur répondit à M. de Saint-Marceaux, maire, qui l'entretenait du bien public :

« Je quitte avec regret le diocèse de Périgueux, mais mon cœur se console déjà en pensant que j'arrive dans une ville dont la piété m'est connue.

« Une grande pensée vous occupe, vous espérez soulager les misères du peuple assez efficacemment pour éteindre la mendicité; j'approuve cette louable pensée, je ne suis pas riche, cependant comptez sur moi, les pauvres sont mes enfants, ce que j'aurai je le partagerai avec eux, ce qui nous manquera, nous l'obtiendrons des fidèles que la fortune favorise, et de la bienfaisance de votre noble et antique cité. »

Ces belles paroles furent confirmées le lendemain dans

la *Lettre pastorale* publiée pour la prise de possession, et le diocèse put sentir qu'il possédait l'homme vraiment fort, l'homme de Dieu, destiné par son caractère sacré à rapprocher le riche et le pauvre, le maître et l'ouvrier, en rétablissant dans les conditions diverses l'égalité morale et évangélique.

A peine installé, Mgr Gousset, marchant sur les traces de l'un de ses illustres prédécesseurs le Cardinal de Lorraine, ranime dans le diocèse l'amour des belles-lettres.

Aux regrets des fidèles qui déjà voyaient sa plume rester inactive, il répond par la création de l'Académie de Reims. Une œuvre gigantesque digne des bénédictins, et dans laquelle nous devons le dire, il fut puissamment aidé par l'un de ces savants qui honorent le diocèse de Reims, M. l'abbé Bandeville; la publication des *Actes de la province ecclésiastique de Reims* fut entreprise et menée à bonne fin : le nouveau *compendium* fut bientôt transformé en *Théologie morale à l'usage des confesseurs* qui plus tard avec la *Théologie dogmatique*, obtint un tel succès qu'il serait difficile, sinon impossible, d'en mentionner les éditions et les contrefaçons. Indiquons encore de Monseigneur les *Observations pour la liberté d'enseignement* et une *Lettre à M. l'abbé Blanc sur la communion des condamnés à mort*. Reims, 1841, in-4°.

Ses travaux littéraires n'arrêtaient pas l'impulsion donnée par notre prélat à la restauration des églises du diocèse. Le 22 Mai 1842, il rendait au culte l'un de ces monuments qui caractérisent une époque, la belle église de Saint-Remi, heureusement restaurée. L'année suivante, il faisait commencer les travaux d'embellissements intérieurs à la cathédrale : l'aspect général de l'édifice fut bientôt changé grâce à la restauration des tableaux, l'acquisition des lustres, la reconstruction des grandes orgues, la création d'une sacristie nouvelle et la fonte d'un second bourdon.

Toujours ami des études qui rattachent le passé au présent, Monseigneur encourage de tout son pouvoir les prêtres historiens. Sa *Lettre* à Messieurs les Curés, concernant la statistique historique des paroisses du diocèse reste un guide sûr et fidèle pour l'écrivain. Loin de se borner à tracer le plan de l'œuvre, ses instructions descendent dans les détails monographiques; elles indiquent même les principales sources à consulter pour l'histoire générale de nos contrées.

Partisan zélé de la bienfaisance publique, rien de ce qui émanait d'une pensée charitable ne demeurait étranger à Mgr Gousset. OEuvre de l'Asile des Orphelins de Bethléem, de Saint-Vincent-de-Paul, de la Miséricorde, il secondait tout de ses puissants encouragements; l'un des premiers, il provoqua une souscription volontaire pour secourir les victimes du tremblement de terre, à la Guadeloupe.

Le 3 Avril 1844, il préside au service funèbre de l'un des plus glorieux enfants de Reims, le maréchal Drouet, comte d'Erlon, qui sorti comme le prélat des rangs populaires (1), avait témoigné que l'homme obscur «en servant bien son pays, peut arriver aux plus éminentes dignités de l'Etat.»

Depuis longtemps les paroissiens du faubourg Cérès demandaient la reconstruction de l'Eglise de Saint-André, le projet toujours admis en principe restait sans exécution et l'ancienne église, insuffisante pour une population triplée en moins de vingt ans, menaçait ruine, lorsque Mgr Gousset

(1) Le maréchal Drouet était ouvrier serrurier en 1792.

mit résolument la main à l'œuvre; un appel au clergé et aux fidèles de la ville lui permettait, avec l'aide du conseil municipal, de hâter la réédification d'une nouvelle église ; sa munificence sans bornes et la générosité des fidèles élevait en même temps dans un nouveau faubourg une chapelle sous le vocable de Saint-Thomas.

Heureux de seconder le mouvement intellectuel, on voit le savant archevêque ouvrir son palais à la treizième session du Congrès scientifique. Pendant dix jours, Reims est témoin des luttes brillantes et pacifiques des sciences, des arts et des lettres.

Ces travaux multipliés n'empêchaient pas Monseigneur de continuer ses publications théologiques, et l'un de ses *Mandements* donné en 1845 a pour objet la condamnation du *Manuel du droit public ecclésiastique français*, publié par M. Dupin.

Le *Mandement* de Mgr Gousset pour le carême de l'année 1847 fit un tableau touchant de l'humanité évangélique, par un style où la douceur n'excluait pas l'énergie. Ce *Mandement* faisait un appel à la classe généreuse toujours prête à soulager les malheureux. Après avoir constaté les effets momentanés de la charité, le savant prélat ajoutait : « Ce n'est pas assez d'avoir amorti pour un instant l'aiguillon de cette faim qui les presse, et l'ardeur de cette soif qui les consumme ; ni qu'elle ait réchauffé pour un jour leurs membres glacés et couvert d'un vêtement les haillons de leur misère. Tant qu'elle voit des larmes à essuyer, des infortunes à secourir, des besoins à soulager, elle doit puiser dans son ingénieuse tendresse un zèle toujours renaissant et des ressources toujours nouvelles. »

Une Révolution imprévue privait bientôt des milliers de bras de leurs travaux ordinaires.

Il fallait faire comprendre aux imaginations exaltées les sages limites de la liberté et du devoir : le zèle du prélat, sa charité ne firent pas défaut.

Instinctivement porté par son origine et par ses principes vers les doctrines libérales, il fait la part des circonstances en accueillant tous les grands principes de l'émancipation humaine. Dans les idées d'ordre et d'une sage indépendance, le prélat populaire n'hésite pas à bénir l'arbre de la liberté. Le 2 Avril 1848, il prononce à cette occasion remarquable, un discours dont voici le résumé :

« L'arbre que nous avons béni sera donc tout à la fois, l'arbre de la liberté, de l'égalité et de la fraternité. Il nous rappellera que nous devons, chacun suivant ses moyens, défendre la liberté pour toutes les institutions politiques, civiles et religieuses, la liberté de la France contre l'étranger, la liberté de la commune contre les exigences d'une centralisation arbitraire, la liberté pour le citoyen, liberté sans entraves, sans autres limites que celles qui sont posées par l'ordre public, sans lequel il n'y a pas de liberté possible. »

Le commencement des travaux pour l'érection de l'Eglise de Saint-Thomas occupe bientôt les ouvriers, avec lesquels Monseigneur aime à s'entretenir. Il préside la fête de l'inauguration du canal de l'Aisne à la Marne. Le jour de la bénédiction du drapeau des délégués rémois pour la fête de la Concorde, ses avis bienveillants se manifestent dans un langage qui trouve le chemin de tous les cœurs.

Malgré la crise politique, Monseigneur n'oubliait pas l'embellissement de sa chère Cathédrale : en Novembre 1848, il obtenait pour elle du général Cavaignac deux magnifiques tapisseries des Gobelins qui exciteront toujours l'intérêt des visiteurs.

Doué d'une activité infatiguable, il suivait les évènements politiques en recommandant à ses diocésains de conserver la modération si nécessaire en temps de troubles. Rigide observateur de la dicipline ecclésiastique, il réglait le 30 Avril 1849 la ligne de conduite à suivre par les prêtres au moment des prochaines élections, il présidait, enfin, le 21 Juillet 1850, au palais archiépiscopal, un important synode dont les fidèles conservent encore le souvenir.

Tant de travaux avaient depuis longtemps signalé Mgr Gousset à l'attention du Saint-Siége, aussi le Pape Pie IX, dans un consistoire tenu le 30 Septembre 1850, le nomma Cardinal-Prêtre du titre de Saint-Callixte.

La rentrée du nouvel élu dans sa ville archiépiscopale (6 Novembre 1850) ne fut qu'une longue ovation ; Reims lui prépara une arrivée triomphale : il fit son entrée en ville au bruit du canon et au son de toutes les cloches, précédé de NN. SS. de Garsignies, évêque de Soissons ; de Prilly, évêque de Châlons ; de Salinis, évêque d'Amiens ; et de Mgr Gignoux, évêque de Beauvais ; ses suffragants marchant à pied par une pluie pénétrante, sur un pavé glissant. Le Cardinal, revêtu de la pourpre romaine, s'avançait escorté par une foule immense, sans que rien dans son regard bienveillant trahit sa modestie ordinaire.

Le clergé lui avait élevé à l'archevêché un arc de triomphe ogival ; comme un autre Hincmar, il se trouvait placé au milieu de ses plus illustres prédécesseurs, dont les noms et les armes étaient apposés aux deux côtés de la porte d'entrée. La population rémoise et des pays environnants, avide de contempler son prélat dans sa dignité nouvelle, s'était associée au clergé diocésain pour lui rendre les hommages dûs à sa glorieuse élévation.

Le Cardinal fut profondément touché des marques d'affection et d'estime qu'il reçut en ce jour solennel, le plus beau assurément de sa vie. Il en était heureux surtout pour son chapitre métropolitain, auquel il rapportait, dans un pli de sa pourpre, l'Ordre de Saint-Remi, particulièrement créé par le Pape Pie IX, pour l'insigne église de Reims.

La nécessité de troupes permanentes à Reims ne s'était pas fait sentir avant la révolution de 1848. Qui ne sait avec quelle bienveillance le prélat recevait les officiers supérieurs ; avec quelle affabilité il abordait le simple soldat ? Nous nous rappelons les cris enthousiastes qui s'échappaient des robustes poitrines de ces braves, lors de la prise en possesion de la nouvelle caserne. En 1851, Monseigneur avait eu le bonheur de recevoir dans la chapelle du palais archiépiscopal un nombreux détachement du 23e léger : il donnait lui-même la communion à tous ces enfants du peuple. Sept recevaient la confirmation ; et l'un d'eux, le premier sacrement de l'Eglise.

Toujours partisan de la science, Monseigneur fit connaître à son clergé la lettre envoyée par N. S. P. le Pape en faveur de la Congrégation de l'Ordre de Saint-Benoît. « Qui d'ailleurs, parmi nous, s'écriait l'éminent pasteur, serait indifférent à la renaissance et au développement d'un ordre qui a couvert la Champagne de ses travaux et de ses monuments ; qui a créé Saint-Remi, Saint-Nicaise, Saint-Thierry, Saint-Basle, Hautvillers et Notre-Dame de Mouzon ; qui a donné Richer et Dom Marlot à Reims, Dom Ruinart et Dom Mabillon à l'Eglise et au monde savant. »

Digne héritière de la patience bénédictine, la commission instituée par Mgr Gousset et par S. E. le Cardinal Giraud, archevêque de Cambrai, d'heureuse mémoire, venait de terminer son travail, le chant grégorien était rétabli et Monseigneur, fidèle à ses promesses, fort de la haute approbation du Saint-Siége, fit connaître au clergé son intention d'adopter définitivement pour le diocèse la liturgie romaine. Sa *Lettre* pastorale très-remarquable par l'élévation des idées, fit connaître à tous les fidèles le besoin pressant de revenir sans délai à l'unité liturgique.

Le 5 Février 1852, Mgr Gousset assistait à la réception de M. de Montalenbert à l'Académie française. Deux jours plus tard il dînait chez M. le Président de la République qui l'avait précédemment nommé sénateur et qui l'honora toujours de sa haute considération.

Une grande joie lui était réservée, le 16 Mai, jour du sacre de Mgr Regnault, ancien curé de Charleville, nommé évêque d'Eumène *in partibus* avec succession future de Mgr Clausel de Montals, vénérable et savant évêque de Chartres que le grand âge forçait de reporter sur un coadjuteur le fardeau de l'administration diocésaine.

La cérémonie depuis longtemps inconnue à Reims (1) avait amené plusieurs étrangers de distinction.

A neuf heures et demie du matin, la procession où l'on remarquait Mgr l'archevêque de Reims, NN. SS. les évêques de Metz, de Soissons et l'évêque élu, entrait dans la cathédrale.

Il y eut trois moments solennels où l'émotion de l'assistance fut au comble : le premier, quand l'évêque consacré resta la face contre terre pendant le chant des litanies des saints ; le second, quand il communia des mains du prélat consécrateur dont il partageait l'autel depuis l'offertoire ; et le troisième, quand après avoir reçu la crosse et la mître

(1) En 1800, Nicolas Diot, évêque constitutionnel, sacra un évêque de Dunkerque, dans la cathédrale de Reims.

il s'avança au chant du *Te Deum* conduit par les évêques assistants, pour distribuer ses bénédictions au peuple pressé dans l'église.

Dans l'impossibilité de rappeler ici tous les actes épiscopaux de Mgr Gousset, indiquons seulement pour l'année 1853, la tenue d'un synode diocésain dans la cathédrale le 20 septembre, et la publication de la *Lettre de Sa Sainteté le Pape Pie IX aux cardinaux, archevêques et évêques de France,* sur les affaires du temps.

Le 4 juin 1854, Mgr Gousset prenait part aux fêtes industrielles de sa ville archiépiscopale en bénissant la première locomotive arrivée dans nos murs. Au milieu de la foule qui encombrait les Promenades, rapportant à Dieu les bienfaits et les progrès de la civilisation, il s'écriait dans un élan de bonté : « Messieurs, nous allons bénir ces locomotives, ces wagons, cette gare, le chemin de fer de Reims à Epernay. Nous bénirons en même temps les administrateurs, les fonctionnaires et les employés de la compagnie, en adressant au ciel les vœux les plus ardents pour le succès de leurs travaux. Nous bénirons les autorités de la ville et du département, le commerce et l'industrie de Reims. Nous bénirons aussi ce peuple bien-aimé qui est l'objet constant de toutes nos affections. Que Dieu qui est toujours si bon et si miséricordieux envers la France, nous bénisse tous, qu'il répande sur nous, dans la mesure qui répond au dessein qu'il a sur chacun, comme sur les apôtres, au jour de la Pentecôte, cet esprit de sagesse qui préside à nos conseils et à nos appréciations ; cet esprit de justice qui fait prospérer les nations ; cet esprit de crainte, qui nous fera mettre à profit cette pensée salutaire, que la vitesse du wagon qui, dans un instant, nous transporte d'un bout du monde à l'autre, n'est qu'une faible image de la rapidité avec laquelle le temps nous pousse au-delà de ce monde, vers l'éternité. »

Après cette allocution, le cortége se rendit processionnellement à la cathédrale qui fut bientôt remplie ; l'émotion avec laquelle Monseigneur entonna le *Te Deum* est encore présente à tous les souvenirs.

Rappelons aussi parmi ses actes pendant l'année 1854, l'installation solennelle de M. Fournier, curé de la cathédrale (16 juillet) et l'ouverture dans tout le diocèse (15 octobre) d'un jubilé universel pour attirer la miséricorde divine sur le monde entier.

Toujours sympathique à la gloire des armées françaises, Monseigneur faisait remettre au sous-préfet de l'arrondissement, le 25 janvier 1855, une somme de deux mille francs pour l'armée d'Orient.

Le 4 février, au milieu d'une illumination féerique, il proclamait dans la cathédrale le dogme de l'Immaculée Conception de la Vierge en plaçant sous sa protection particulière l'église et le diocèse de Reims. Cette promulgation lui inspira l'idée d'un ouvrage remarquable, dans lequel il démontre par des citations, et par des preuves théologiques, la croyance invicible, immuable et perpétuelle de l'Immaculée Conception, dans toutes les parties du monde, depuis la fondation du culte catholique jusqu'à nos jours.

Partisan de ce dogme et des principes ultramontains, Monseigneur en avait constamment recommandé la croyance dans ses écrits et dans les conciles provinciaux au nombre desquels nous citerons ceux d'Amiens et de Reims.

L'imposante cérémonie d'un sacre épiscopal se renouvela dans la cathédrale le 11 Novembre pour Monseigneur Nanquette, originaire de Fumay (Ardennes), ancien cur de Saint-Maurice de Reims, puis de Sedan, M. Nanquette, dont tout le peuple rémois conserve un bienveillant souvenir, venait d'être appelé au siége épiscopal du Mans, et Monseigneur Gousset, prélat consécrateur, fut assisté dans cette circonstance des évêques de Namur, de Laval, de Soissons et de Chartres.

Les pompes cléricales se succédaient à Reims sans interruption ; le 26 Mai 1857, Monseigneur, assisté d'un envoyé du Gouvernement, présidait à l'installation des Boursiers-Napoléon à l'établissement de Bétheléem dont l'avenir se trouvait ainsi assuré. Le 12 Juin, il posait la première pierre du couvent des Carmélites, rue du Barbâtre, et il répondait au discours d'un ouvrier tailleur de pierre par quelques paroles pleines de bonté et d'apropos.

Le 20 Juillet, il sacrait dans la cathédrale deux de ses suffragants, Nos Seigneurs Boudinet, évêque d'Amiens, et Bara, évêque de Médéa, *in partibus,* depuis titulaire de l'évêché de Châlons-sur-Marne, enfin, le 3 Novembre, il trouvait une douce récompense de son aménité chrétienne dans la visite respectueuse de l'ambassadeur de Perse, Ferruck-kan.

Le clergé diocésain, toujours honoré de la bienveillance publique, avait aussi reçu de l'État uue preuve de reconnaissance en la personne de M. l'abbé Charlier, fondateur de Béthcléem, nommé Chevalier de la Légion-d'Honneur.

Le 5 Juin 1858, Monseigneur l'Archevêque posait la première pierre de la chapelle du petit séminaire, rue des Augustins.

Son zèle pour la religion et pour l'amélioration des classes laborieuses croissait avec l'âge, l'Empereur Napoléon III et l'Impératrice purent juger eux-mêmes des sentiments dévoués des Rémois pour leur éminent Cardinal lors de leur visite aux églises et aux établissements de Reims, les 11 et 12 Octobre 1858.

La continuation des travaux de restauration à la cathédrale, travaux provoqués dès 1857, par la généreuse initiative du prélat ne changeait rien à ses intentions pour la paroisse Saint-André. Emu des grands sacrifices du conseil municipal de Reims, pour doter le faubourg d'une nouvelle église en construction depuis le 12 Avril 1858, il voulut poser lui-même la première pierre du grand portail, le 25 Avril 1859, et rien ne fut négligé pour donner à cette cérémonie un éclat solennel.

Après avoir soigneusement visité les constructions, Monseigneur remercia l'administration municipale et les fidèles de leurs communs efforts, il déclara qu'il était fier de voir élever ce monument sous son épiscopat, puis après avoir fixé la première pierre, précédé de sa crosse et mîtré, il consacra l'emplacement des chapelles, et il remercia, par quelques paroles toujours heureuses, l'ouvrier qui lui récitait un compliment au nom de ses camarades.

La pieuse solennité se renouvela le 26 Mai à l'inauguration de la chapelle du petit séminaire. Quelques jours plus tard (12 Juin), Monseigneur s'associa aux réjouissances publiques et aux triomphes de nos armées en Italie par le chant d'un *Te Deum* et l'un des premiers (13 Juillet), il se rendit à Paris pour féliciter l'Empereur sur ses victoires.

A peine de retour dans sa ville archiépiscopale Monseigneur, toujours infatigable dans l'accomplissement du devoir, consacrait le couvent des Salvatoristes à Reims

(2 Août); puis il partait dans les Ardennes poser la première pierre de la nouvelle église de Vrignes-aux-Bois (13 Octobre). Sa tournée pastorale dans le canton de Carignan terminée, il revenait à Reims clore cette année si féconde en bonnes œuvres par la publication d'un *Mandement* ordonnant des prières pour les besoins de l'Eglise.

Les empiétements successifs des ennemis du pouvoir temporel du Pape alarmaient la foi fervente de Mgr Gousset qui déjà réunissait les matériaux nécessaires à l'édification d'un travail sur la nécessité de maintenir les prérogatives terrestres de l'Eglise. Les évènements de Syrie assombrirent encore son grand cœur; aussi après son retour d'Allemagne où il s'était rendu pendant la saison des eaux, il fit paraître deux *Mandements* remarquables, l'un en faveur des chrétiens persécutés de l'Orient, et l'autre sur l'invasion des Etats pontificaux pour l'armée du roi de Sardaigne.

Le 1er Mai 1861, jour anniversaire de sa naissance, Mgr Gousset inaugurait la nouvelle chapelle de l'Immaculée Conception à la Cathédrale. Quatre jours après, il sacrait l'évêque de Soissons Mgr Christophe; c'est la dernière consécration épiscopale qu'il nous ait été donné de voir à Reims, celui de son successeur, Mgr Dours, ayant eu lieu à Laon.

Toujours pressé de répondre aux appels de la charité, il envoyait le 2 Juillet une somme de 500 fr. pour les inondés du département et les calamités publiques trouvaient en lui dans la mesure de ses forces, un secours des plus actifs et des plus dévoués.

Heureux des souvenirs laissés dans le diocèse par le congrès scientifique en 1845, Monseigneur cherchait depuis longtemps à renouveler cette fête intellectuelle. Sur ses instances M. de Caumont, désigna la ville de Reims pour la tenue d'un congrès archéologique, dont l'ouverture eut lieu le 24 Juillet. Dans un discours d'ouverture qui dissipait les préventions restées contre les assises scientifiques, Monseigneur disait : « L'Archéologie découvre les anciens monuments, ceux même dont il ne reste que des vestiges, et révèle aux cités et aux bourgades les titres de gloire dont elles peuvent se glorifier. De plus veillant à leur conservation, cette science intéresse souverainement, au jugement de ceux qui en ont une connaissance exacte, toutes les administrations civiles et ecclésiastiques. »

Dans les discussions artistiques inscrites au programme du congrès, rien n'égalait la science aimable de Monseigneur qui, par des causeries intéressantes semées de saillies heureuses, animait les questions les plus abstraites. Il captivait l'attention des auditeurs par sa parole vibrante et sympathique : l'amusant récit de ses mésaventures au sujet de la restauration de l'église de Mouzon restera comme un modèle de genre. Il était impossible de narrer avec plus de sel attique les tribulations épiscopales. On retrouvait dans ce récit, toute la bonhomie champenoise, la verve méridionale et la vivacité de l'esprit français.

Ces réunions archéologiques avaient naturellement ramené l'attention vers les églises de Reims. Monseigneur qui déjà avait propagé le goût de leur embellissement, voulait faire plus encore ; heureux d'avoir édifié l'église de Saint-Thomas, il songeait à compléter son œuvre par l'érection d'une nouvelle paroisse au faubourg de Paris (lieudit Sainte-Geneviève). Le 16 Septembre 1861, il achetait un terrain pour élever la future Eglise, construire des écoles gratuites et un cimetière. Aujourd'hui les fidèles du faubourg regrettent qu'il n'ait pas été donné à Monseigneur de voir l'accomplissement de son généreux projet.

Le temps était à la restauration ou à la construction des églises. Un enfant de Reims, M. Haudos, député au Corps Législatif, utilisait sa fortune en transformant le village de Loisy, sa demeure : le délabrement de la modeste église ne pouvait échapper à cet homme libéral qui ne négligeait rien pour l'embellissement de la commune. Une sage restauration de l'édifice terminée, M. Haudos invitait S. E. le Cardinal à consacrer le nouveau temple : il fut assisté à cette fête par Mgr Bara, évêque de Châlons, dans le diocèse duquel se trouvait l'Eglise de Loizy (23 Septembre 1861). Mgr Gousset rapporta comme souvenir de sa démarche le peigne liturgique de Saint-Bernard qu'il déposa au trésor de la cathédrale de Reims (1).

Pour résister aux empiétements du roi de Sardaigne, le Pape Pie IX, qui s'imposait la tâche de conserver intact le patrimoine de l'Eglise voulut organiser une démonstration morale digne d'être opposée aux milliers d'écrits publiés contre le maintien du pouvoir temporel. Par une lettre en date du 18 Janvier 1862, le cardinal-préfet de la Congrégation du Concile, fit connaître à tous les prélats l'intention de Sa Sainteté de les voir réunis à Rome lors de la canonisation de vingt-trois martyrs japonais. Quarante-trois cardinaux et trois-cents évêques répondirent à l'invitation du Souverain-Pontife. Mgr Gousset, qui déjà avait publié un *Mandement* sur l'unité du gouvernement dans l'Eglise était retenu dans son diocèse, mais pressé de rejoindre les prélats dans la ville éternelle, il quittait Reims le 12 Mai 1862 pour se rendre à Rome.

L'éclat des fêtes religieuses avait vivement frappé l'esprit

(1) L'usage de porter les cheveux longs pendant le XIIe siècle forçait les ecclésiastiques à se peigner avant la célébration de la Messe.

de Monseigneur, qui. à peine revenu à Reims (19 Juillet), se hâtait de faire part de ses impressions aux ecclésiastiques. Dans son *Mandement* plein du souvenir impérissable de son voyage et des honneurs particuliers qui lui avaient été dévolus, il disait à ses diocésains : « Le 21 Juin (1862) était l'anniversaire du couronnement de Sa Sainteté. Nous avons eu le privilége d'être désigné pour chanter la Messe en sa présence et devant l'assistance nombreuse des Cardinaux, des Evêques et des fidèles qui s'étaient rendus à la chapelle Sixtine. Il nous a paru, Nos Très-Chers Frères, que nous étions alors plus spécialement votre interprête et votre représentant ; vous étiez présents à notre pensée ; nous vous portions tous dans notre cœur. Nous nous sommes fait l'organe de vos sentiments et de vos vœux ; nous les avons offerts à Dieu avec les nôtres, en le priant avec effusion d'étendre sa protection sur son Eglise et sur Celui qu'il a établi roi dans sa sainte maison. Nous avons prié pour vous aussi, dans l'espérance d'attirer sur vous et sur vos enfants la rosée des grâces célestes. Le soir, une illumination générale et spontanée attestait l'allégresse de toute la ville et la part qu'elle prenait à cette fête, qui était la sienne plus encore que celle de son Souverain.

« Enfin, le 29, nous avons assisté à la fête de saint Pierre et de saint Paul. Bien que Pierre soit le fondement visible sur lequel Jésus-Christ a bâti son Eglise, et que la Chaire pontificale, sur laquelle il a été assis le premier, ait reçu en ui sa suprématie et son infaillibilité, l'Eglise lui associe dans cet anniversaire celui qui, après avoir été par ses travaux, et par ses écrits, le docteur et l'apôtre des nations, est venu à Rome partager sa sollicitude, sa captivité et sa mort glorieuse.

« Notre cœur et notre charge pastorale nous rappelaient auprès de vous, Nos Très-Chers Frères, et notre départ était résolu ; mais il nous restait le désir de voir encore une fois le Saint-Père et de l'entretenir de nouveau comme nous avions eu le bonheur de le faire à notre arrivée. Sa Sainteté daigna, en effet, nous accorder une audience qui fut pour nous comme un congé d'adieu et qui nous émut profondément. Jamais ce chef vénéré de la grande famille ne nous avait paru plus affectueux, plus paternel ; les circonstances au milieu desquelles nous allions nous éloigner de lui nous attachaient de plus en plus à sa personne, et notre entretien se ressentit de cette impression intime, irrésistible. Avec quelle touchante sollicitude et quelle douce sérénité, il nous parlait des besoins de l'Eglise et des dangers qui menacent les droits du Siége Apostolique ! Avec quel intérêt bienveillant il nous écoutait quand nous lui parlions de vous, de notre cher et beau diocèse ! Combien il s'est montré touché et reconnaissant lorsque nous avons déposé à ses pieds le produit de vos dernières offrandes ! Ah ! vous continuerez, Nos Très-Chers Frères, à manifester envers lui les sentiments de votre piété filiale et de votre religieuse libéralité. »

Cet appel à la générosité catholique n'était point fait en vain dans le diocèse où les quêtes pour le denier de Saint-Pierre ne furent jamais plus productives.

Un devoir pénible était réservé à Monseigneur au commencement de l'année 1863, le 4 Janvier il quittait Reims pour se rendre à Paris, où il assistait aux obsèques de Monseigneur le Cardinal Morlot.

Un livre resté célèbre était alors l'objet des *Mandements* épiscopaux : les réfutations succédaient aux réfutations, les écrivains se passionnaient journellement pour le nouvel écrit qui, peut-être, ne dut sa célébrité qu'à l'ardeur des critiques.

Mgr Gousset ne pouvait rester étranger aux examens théologiques de l'ouvrage : aussi, après l'avoir lu avec soin, au nom de la morale, de la religion, des Pères de l'Eglise et même des encyclopédistes, il réprouva et il condamna la *Vie de Jésus*, par Ernest Renan, membre de l'Institut, « comme contenant un grand nombre d'assertions respectivement téméraires, impies, scandaleuses, sacriléges, blasphématoires, erronées, hérétiques, frappées d'anathêmes. » Il défendit la lecture de l'œuvre au clergé et aux fidèles du diocèse, sous les peines canoniques.

Les partisans de l'auteur condamné, répondirent à ce *Mandement* par quelques épigrammes.

Deux mois plus tard, Monseigneur, en tournée pastorale dans le département des Ardennes, bénissait la nouvelle église de Charleville.

Sa bienfaisance se signale lors du terrible incendie de la rue de Talleyrand ; l'un des premiers il porte des secours à la famille de l'homme généreux, victime de son dévouement.

Ses dons aux églises du diocèse croissaient avec l'âge. En Janvier 1864, il enrichit l'autel du Rosaire, à la cathédrale, de magnifiques statues. Glorieux d'achever l'œuvre pour laquelle il s'imposait d'immenses sacrifices, il consacre l'église Saint-Thomas le 21 Avril 1864. Là, au milieu d'une assistance sympathique, il remercie l'administration municipale de sa féconde initiative pour l'agrandissement et pour l'embellissement du faubourg. Il félicite au nom du devoir accompli, la nombreuse population industrielle pressée sur son passage. Sa main bénit les enfants des ouvriers et le peuple qui l'environne, et sa bienfaisance sait trouver la demeure du pauvre dont les regrets sont unanimes aujourd'hui.

Ce n'était pas assez, pour Mgr Gousset, de marcher sur les traces de Robert de Lenoncourt, l'un de ses prédécesseurs sur le siége de Reims, de l'égaler par la piété, par la bonté et par l'esprit de concorde ; il voulut aussi l'égaler par la science. La bibliothèque du savant prélat, riche en ouvrages des premiers temps de l'imprimerie, où l'imagination peut suivre de siècle en siècle les progrès de la science théologique, l'histoire du diocèse, les variations des croyances humaines, le développement continu des idées libérales, la puissante manifestation du culte catholique et le témoignage de l'amour universel des chrétiens pour le Souverain-Pontife, reste, à juste titre, le plus noble don fait au diocèse, comme le plus beau souvenir de l'éminent théologien.

Le 25 Mai 1865, Monseigneur bénit la nouvelle cloche de l'église de Saint-André. Au milieu des fidèles qui l'entourent, devant les chandeliers en bronze doré, la croix, la chappe d'or donnée par M. Werlé, maire de Reims, et Madame Werlé, parrain et marraine de la cloche, après les paroles pleines de délicatesse du curé de la paroisse, Monseigneur ajoute qu'il s'estime heureux d'avoir assez vécu pour voir l'achèvement de l'église. « Elle vivra pendant des siècles, dit-il, elle perpétuera le souvenir des libéralités des fidèles et du conseil municipal ; elle redira le zèle de Monsieur le Maire et l'intelligence de l'architecte. »

Dix jours plus tard, Monseigneur voulant que la première messe de la nouvelle église fut chantée par M. Prioux, ancien curé de la paroisse, consacrait l'église Saint-André dont les travaux avaient duré cinq ans. Dans cette circonstance il était reçu dans le faubourg avec l'administration municipale, sous un arc de triomphe, et toute la population ouvrière acclamait le prélat consécrateur.

Ces démonstrations se reproduisirent à Mézières dont les habitants, ceux de Charleville et des villages voisins, rivalisaient de zèle et d'ardeur pour décorer les rues sur son passage.

Reçu à la gare de Charleville par les troupes d'infanterie et de cavalerie, le préfet du département, le général et la gendarmerie de l'arrondissement, Monseigneur entra dans la vieille ville de Mézières, pour bénir les nouvelles cloches de l'Eglise si habilement restaurée par les soins persévérants de l'archiprêtre Petit et du regrettable architecte Reimbeau. Le moment le plus solennel fut celui ou le prélat ayant salué l'état-major de la garnison, s'avança vers les soldats qui lui présentaient les armes. Ses paroles — Bonjour, mes enfants, — produisirent sur l'affluence prodigieuse des fidèles une émotion indescriptible.

Il semblait que le diocèse pressentant la terrible épreuve que lui réservait la Providence, se hâtait de manifester au prélat son dévouement et son amour. Au mois de Mai 1866, il donnait le sacrement de confirmation à Boult-sur-Suippe dont les habitants, fiers de recevoir un prince de l'Eglise, ayant avec eux une commune origine, élevaient sur son passage huit portes de triomphe, sur une avenue plantée de quatre mille sapins.

Ces scènes se renouvelèrent quelques jours plus tard dans les Ardennes et dans le département de la Marne, partout la population quittait ses travaux pour se presser sur le passage de l'Archevêque qu'elle ne devait plus revoir. Reims le vit pour la dernière fois le 7 Octobre

1866, suivre la procession annuelle lors de la réintégration de la chasse, dans le tombeau de Saint-Remi.

Choisi pour présider les cérémonies de la réouverture du chœur de la Cathédrale de Troyes et de la consécration du maître-autel, Mgr Gousset sut comme à Reims, à Charleville, à Rethel, à Sedan, à Mézières, se concilier tout les cœurs. L'ancienne capitale du comté de Champagne réunissait alors dans ses murs une foule inmombrable, plus de sept cents prêtres et les évêques de Châlons et de Meaux.

Pendant la cérémonie religieusement suivie par l'assistance, le Père Félix monta en chaire, le sermon terminé, le Cardinal Archevêque de Reims, remercia avec son effusion ordinaire les fidèles ayant concouru à la restauration de cette belle Cathédrale, il les exhorta dans une allocution toute paternelle à prier pour le Souverain-Pontife ; son départ de l'Eglise produisit des épisodes pleins de charmes, on vit se reproduire ces joies populaires si connues dans le diocèse de Reims, et la mise en pratique de la divine parole — « Laissez venir à moi les petits enfants. »

La sympathie populaire dont jouissait Mgr Gousset s'était déjà manifestée à la fin de l'année 1864, au moment où la grave maladie qui devait l'enlever inspirait de sérieuses inquiétudes. Grâce aux soins incessants et dévoués, sa forte constitution avait triomphé du mal ; sa santé paraissait raffermie et rien depuis cette époque ne laissait présager la fin si prompte du savant prélat.

Les espérances de le voir longtemps encore à la tête du diocèse viennent d'être cruellement démenties.

Le Jeudi 20 Décembre, le chapitre métropolitain, le clergé rémois et les supérieurs des communautés religieuses, avaient présenté leurs souhaits de fête à Monseigneur, qui les accueillit avec sa gratitude ordinaire, et qui les convia au dîner annuel de la Saint Thomas, pour le Dimanche 23. Ecrivant dans l'intervalle de chaque visite, et fatigué par un malaise inexplicable, il se mit au lit dans la soirée. Son médecin, M. Decès père, constata bientôt l'existence d'une affection pulmonaire dont les progrès rapides ne laissaient plus d'espoir de guérison. Administré le samedi à dix heures du matin, il expira sans agonie, sans secousse, vers sept heures du soir, le 22 Décembre 1866.

Par une coïncidence providentielle, une statue de saint Pierre, destinée à l'église Saint-Thomas, arrivait à Reims le même jour, comme un suprême et dernier hommage du généreux prélat pour sa paroisse de prédilection.

Qui pourra dire par quel prodige d'activité, d'énergie et de vigilance, Mgr Gousset sut opérer tant de créations et de réformes dans son diocèse ? Comment raviver la mémoire de son zèle pendant les épidémies de 1849 et de 1854 ? Quel écrivain racontera les tournées pastorales dans le département des Ardennes ? La translation solennelle à Revin des restes mortels de Billuart, l'une de nos illustrations diocésaines, le plus savant commentateur de saint Thomas ? Les voyages de Monseigneur à Montigny, son pays natal ? Sa bénédiction solennelle des fontaines publiques et des cloches de Fismes ? L'encombrement de son cabinet de travail lorsqu'il écrivait un ouvrage théologique ? Les relations amicales du Chef spirituel avec ses diocésains ? Son administration ferme, paternelle et prudente ? Les nombreux épisodes de ses causeries villageoises et la dignité avec laquelle il présidait les réunions ecclésiastiques ?

Ces faits intéressent au plus haut point la biographie dont nous avons seulement tracé l'esquisse. Puissent-ils inspirer les futurs historiens.

Une popularité acquise pendant vingt-six ans d'épiscopat distinguait, entre tous, Monseigneur l'Archevêque dont mille regards attendris comtemplent aujourd'hui la dépouille mortelle. La population rémoise sait que le fils d'un cultivateur, devenu évêque de Périgueux, Archevêque de Reims, Légat né du Saint-Siége Apostolique, Primat de la Gaule-Belgique et Cardinal, n'oublia jamais l'humilité de son origine et qu'il eût la délicatesse d'en conserver le souvenir dans ses armes. Elle n'oublie pas l'éminent théologien honoré du titre de Sénateur et du grade de Commandeur de l'ordre Impérial de la Légion-d'Honneur, par S. M. Napoléon III. Enfin, si quelque chose peut ajouter encore à la gloire du dignitaire assez grand pour partager son bien avec les pauvres, tendre la main aux malheureux, et propager les principes de la fraternité chrétienne ; c'est que, choisi à Rome par le Pontife-Roi pour chanter une messe solennelle devant la catholicité toute entière et parvenu à l'apogée des grandeurs humaines, il a voulu reposer non à l'Eglise métropolitaine gardienne de son cœur, mais dans le modeste faubourg qu'il avait vu grandir, dans l'humble église de Saint-Thomas, au milieu de son œuvre, « près de ses enfants, » de ses ouvriers, ou plutôt disons-le, au milieu des siens.

Reims, le 25 *Décembre* 1866.

www.ingramcontent.com/pod-product-compliance
Lightning Source LLC
LaVergne TN
LVHW020248230826
846091LV00006B/2310
9782011756374